AF188553

Impressum
Verlag: BABADADA GmbH, Nedderfeld 112 , 22529 Hamburg
Geschäftsführer / Verlagsleitung: Harald Hof
Druck: Books on Demand GmbH, In de Tarpen 42, 22848 Norderstedt

Imprint
Publisher: BABADADA GmbH, Nedderfeld 112 , 22529 Hamburg, Germany
Managing Director / Publishing direction: Harald Hof
Print: Books on Demand GmbH, In de Tarpen 42, 22848 Norderstedt, Germany

escola

iskola

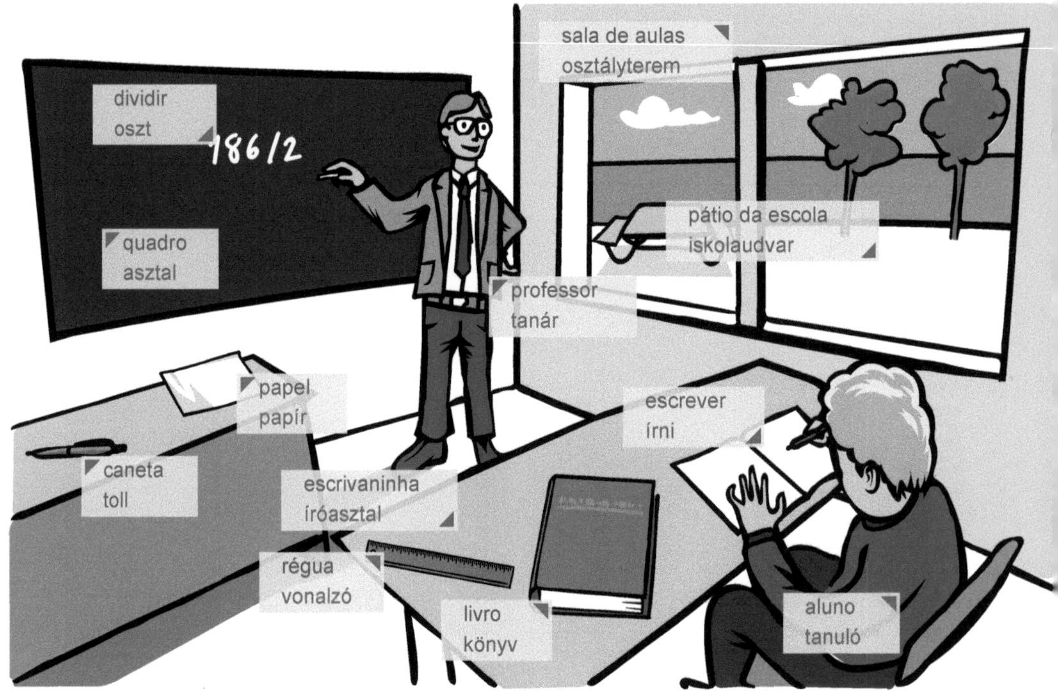
sala de aulas
osztályterem
dividir
oszt
186/2
quadro
asztal
pátio da escola
iskolaudvar
professor
tanár
papel
papír
escrever
írni
caneta
toll
escrivaninha
íróasztal
régua
vonalzó
livro
könyv
aluno
tanuló

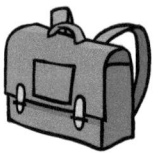

sacola
iskolatáska

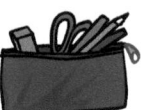

estojo de lápis
tolltartó

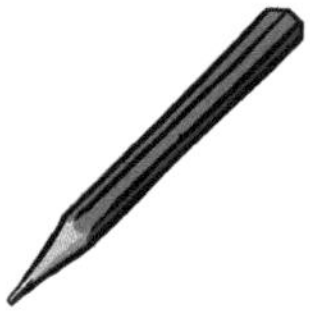

lápis
ceruza

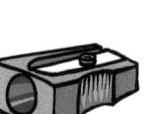

apontador de lápis
ceruzahegyező

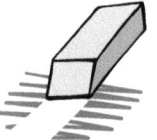

borracha
radír

bloco de desenho
rajzfüzet

desenho

rajz

pincel

ecset

estojo de tintas

festőkészlet

tesoura

olló

cola

ragasztó

livro de exercícios

munkafüzet

lição de casa

házi feladat

número

szám

somar

összead

subtrair

kivon

multiplicar

szoroz

calcular

számol

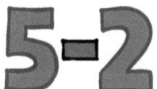

letra

betű

alfabeto

ABC

palavra

szó

texto

szöveg

ler

olvasni

giz

kréta

hora

tanóra

registro da classe

napló

exame

vizsga

certificado

bizonyítvány

uniforme escolar

iskolai egyenruha

educação

oktatás

enciclopédia

enciklopédia

universidade

egyetem

microscópio

mikroszkóp

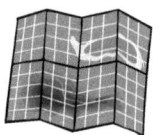

mapa

térkép

cesto de lixo

papír-hulladék gyűjtő

viagem
utazás

hotel
hotel
Grand
albergue
szállás
ROOMS
casa de câmbio
valutaváltó iroda
CHANGE
mala
bőrönd
carro
autó

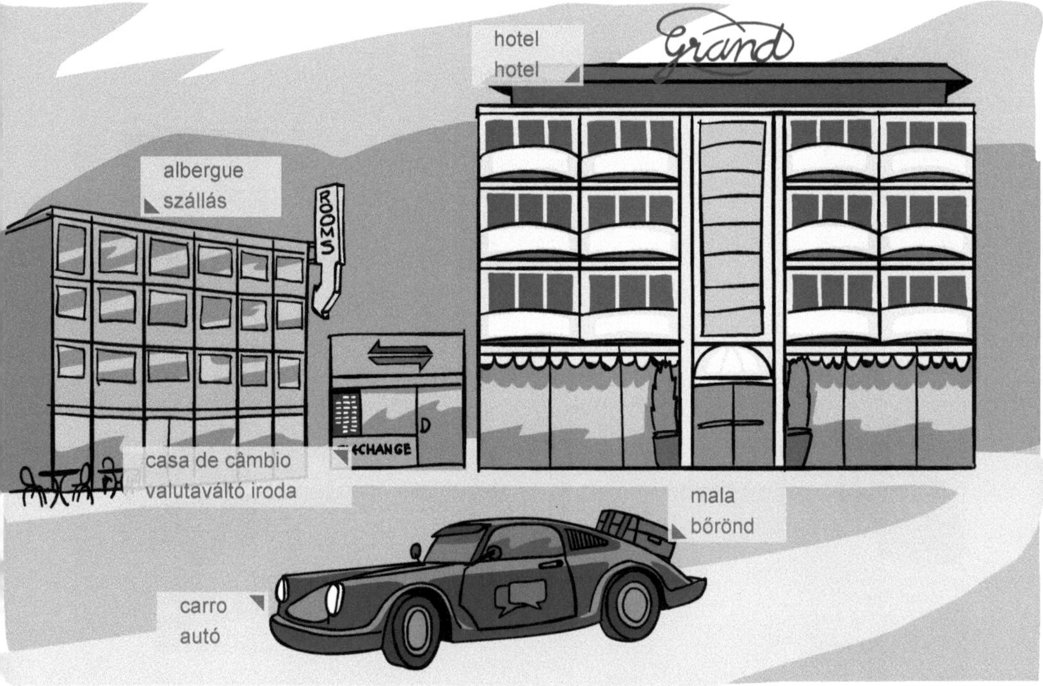

idioma

nyelv

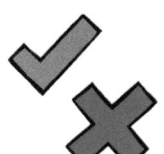

sim / não

igen/nem

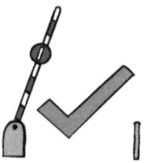

ok

rendben

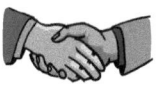

Olá

szia

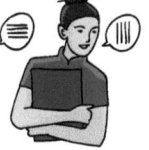

tradutor

fordító

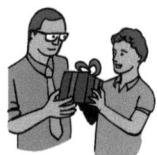

obrigado

köszönöm

quanto custa...?

mennyibe kerül...?

eu não entendo

nem értem

problema

probléma

boa noite!

Jó estét!

Bom dia!

jó reggelt!

Boa noite!

jó éjszakát!

até logo

viszontlátásra

direção

útirány

bagagem

poggyász

bolsa

táska

mochila

hátizsák

convidado

vendég

quarto

szoba

saco de dormir

hálózsák

barraca

sátor

informação turística

turista információ

praia

strand

cartão de crédito

hitelkártya

café da manhã

reggeli

almoço

ebéd

jantar

vacsora

bilhete

jegy

elevador

lift

selo

bélyeg

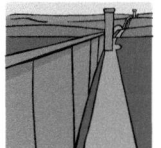

fronteira

határ

alfândega

vám

embaixada

nagykövetség

visto

vízum

passaporte

útlevél

transporte
közlekedés

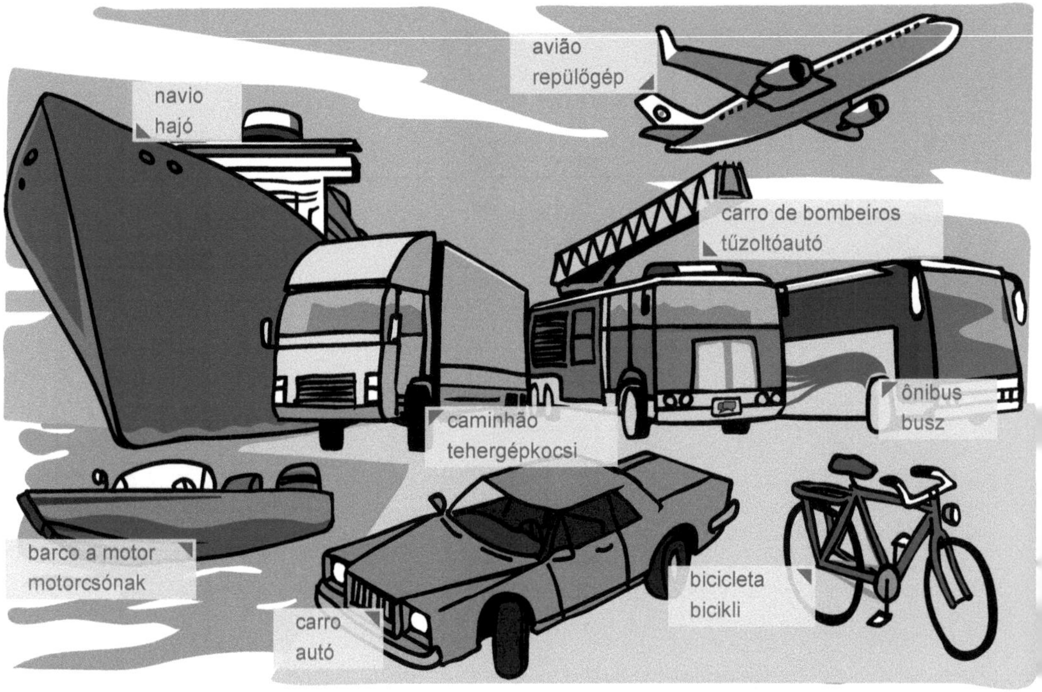
avião
repülőgép
navio
hajó
carro de bombeiros
tűzoltóautó
ônibus
busz
caminhão
tehergépkocsi
barco a motor
motorcsónak
bicicleta
bicikli
carro
autó

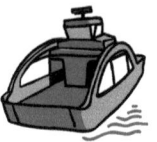

balsa

komp

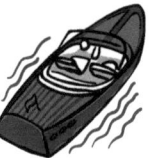

barco

csónak

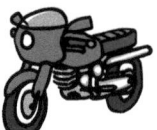

motocicleta

motorkerékpár

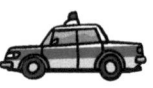

veículo policial

rendőrautó

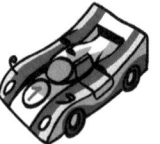

carro de corrida

versenyautó

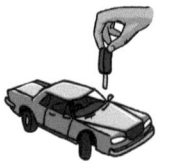

carro de aluguel

bérautó

compartilhamento de
automóvel
telekocsi

caminhão de reboque

vontató

caminhão de lixo

szemetes autó

motor

motor

combustível

üzemanyag

posto de gasolina

benzinkút

placa de trânsito

közlekedési tábla

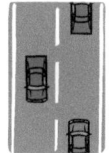

trânsito

forgalom

trânsito lento

forgalmi dugó

estacionamento

parkoló

estação de trem

vonatállomás

trilhos

sínek

trem

vonat

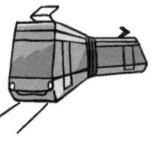

bonde

villamos

vagão

vagon

helicóptero

helikopter

aeroporto

repülőtér

torre

torony

passageiro

utas

contêiner

konténer

cartolina

kartondoboz

carroça

taliga

cesto

kosár

decolar / pousar

felszáll / leszáll

cidade

város

vilarejo

falu

centro da cidade

városközpont

casa

ház

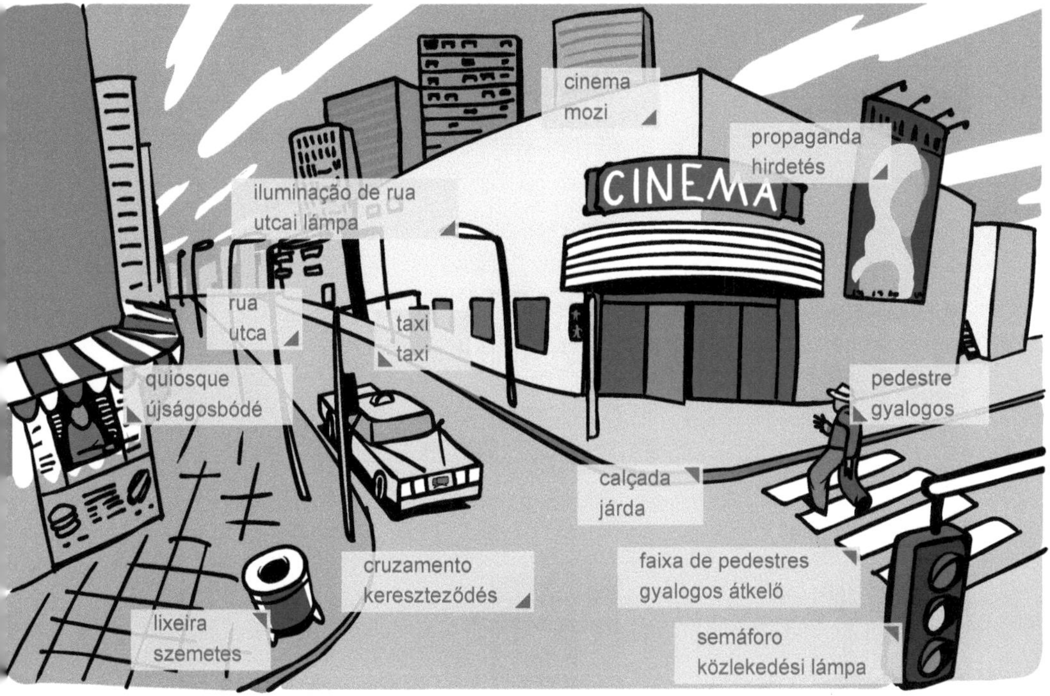

cinema
mozi

propaganda
hirdetés

iluminação de rua
utcai lámpa

rua
utca

taxi
taxi

quiosque
újságosbódé

pedestre
gyalogos

calçada
járda

cruzamento
kereszteződés

faixa de pedestres
gyalogos átkelő

lixeira
szemetes

semáforo
közlekedési lámpa

cabana
kunyhó

apartamento
lakás

estação de trem
vonatállomás

prefeitura
városháza

museu
múzeum

escola
iskola

cidade - város

universidade

egyetem

banco

bank

hospital

kórház

hotel

hotel

farmácia

gyógyszertár

escritório

iroda

livraria

könyvesbolt

loja

üzlet

floricultura

virágüzlet

supermercado

szupermarket

mercado

piac

loja de departamentos

áruház

peixaria

halárus

centro comercial

bevásárló központ

porto

kikötő

12   cidade - város

parque

park

banco

pad

ponte

híd

escadas

lépcső

metrô

metró

túnel

alagút

ponto de ônibus

buszmegálló

bar

bár

restaurante

étterem

caixa de correspondência

postaláda

placa de rua

utcatábla

parquímetro

parkoló óra

zoológico

állatkert

piscina

uszoda

mesquita

mecset

fazenda
gazdálkodás

poluição
környezetszennyezés

cemitério
temető

igreja
templom

parquinho
játszótér

templo
szentély

paisagem
táj

folha
levél

placa de sinalização
útjelző tábla

caminho
út

gramado
rét

pedra
kő

caminhantes
túrázó

árvore
fa

rio
folyó

grama
fű

flor
virág

vale
völgy

montanha
domb

lago
tó

floresta
erdő

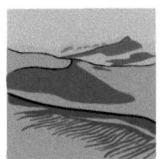

deserto
sivatag

vulcão
vulkán

castelo
kastély

arco-íris
szivárvány

cogumelo
gomba

palmeira
pálmafa

mosquito
szúnyog

mosca
légy

formiga
hangya

abelha
méhecske

aranha
pók

besouro

bogár

sapo

béka

esquilo

mókus

ouriço

sündisznó

lebre

nyúl

coruja

bagoly

pássaro

madár

cisne

hattyú

javali

vaddisznó

veado

szarvas

alce

rénszarvas

barragem

gát

aerogerador

szélturbina

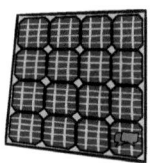

painel solar

napelem

clima

éghajlat

restaurante

étterem

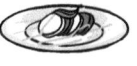

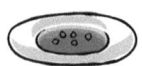

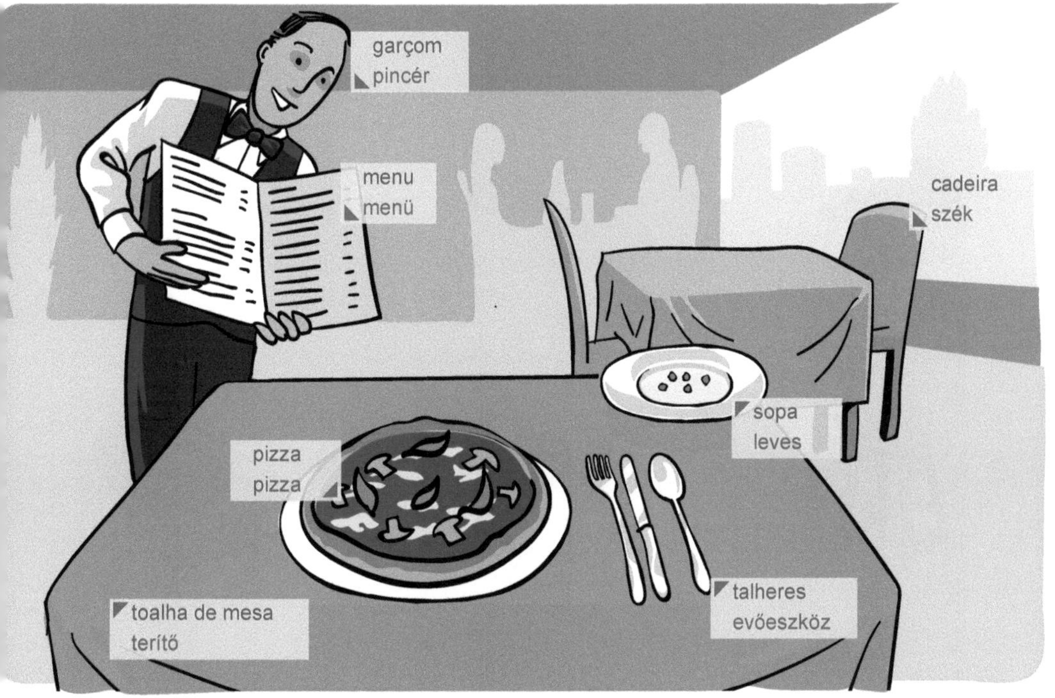
garçom
pincér
menu
menü
cadeira
szék
sopa
leves
pizza
pizza
talheres
evőeszköz
toalha de mesa
terítő

entrada

előétel

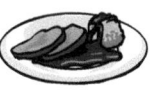

prato principal

főétel

sobremesa

desszert

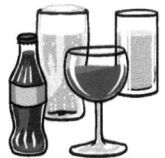

bebidas

italok

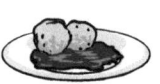

comida

étel

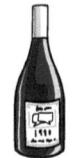

garrafa

üveg

fastfood
gyorsétel

comida de rua
gyorsétel

bule de chá
teás kanna

açucareiro
cukortartó

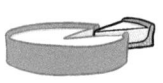

porção
adag

máquina de expresso
eszpresszógép

cadeirão
bárszék

conta
számla

bandeja
tálca

faca
kés

garfo
villa

colher
kanál

colher de chá
teáskanál

guardanapo
szalvéta

copo
pohár

prato

tányér

prato de sopa

leveses tányér

pires

csészealj

molho

szósz

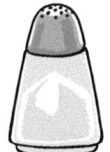

saleiro

sószóró

moedor de pimenta

borsőrlő

vinagre

ecet

óleo

étkezési olaj

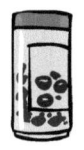

especiarias

fűszerek

ketchup

ketchup

mostarda

mustár

maionese

majonéz

supermercado
szupermarket

oferta especial
különleges ajánlat
FOR
cliente
ügyfél
laticínios
tejtermék
frutas
gyümölcsök
carrinho de compras
bevásárló kocsi

BUTCHERS

açougue

hentes

BAKERY

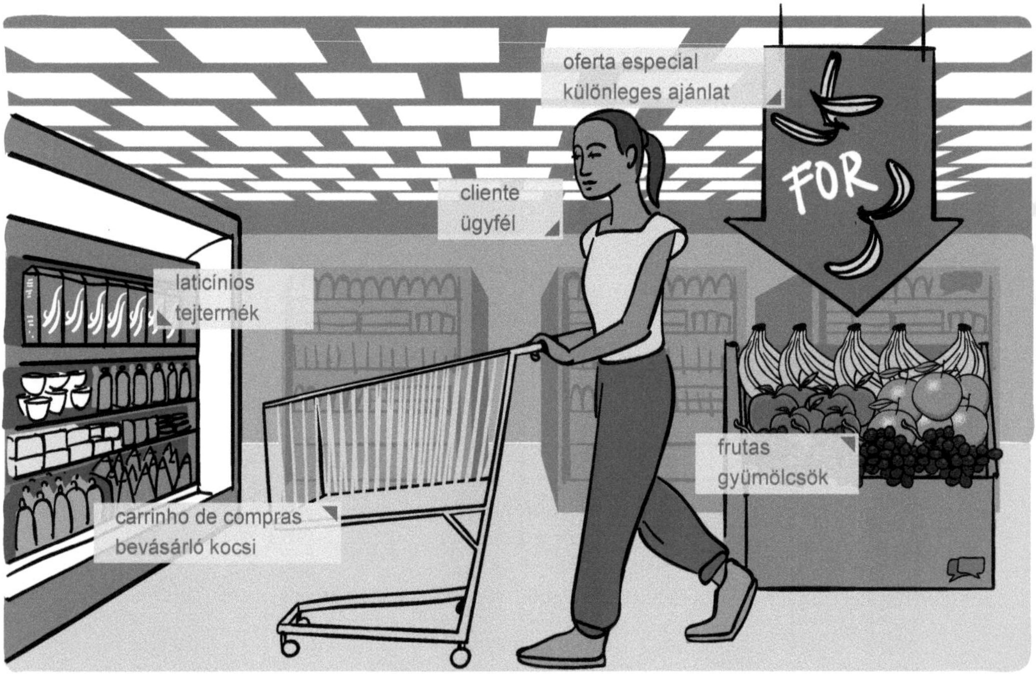

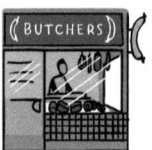

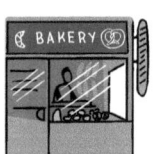

padaria

pékség

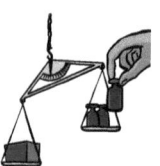

pesar

nyom valamennyit

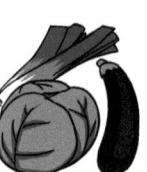

legumes

zöldség

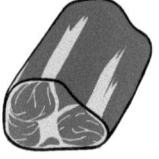

carne

hús

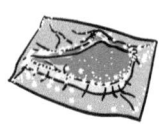

congelados

fagyasztott áru

charcutaria

felvágott

conservas

konzerv

detergente em pó

mosópor

doces

édességek

artigos domésticos

háztartási termék

produtos de limpeza

tisztítószerek

vendedora

eladó

caixa

pénztárgép

caixa

eladó

lista de compras

bevásárló lista

horário de funcionamento

nyitva tartás

carteira

levéltárca

cartão de crédito

hitelkártya

sacola

zacskó

saco plástico

műanyag zacskó

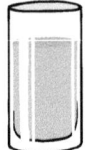

água

víz

suco

gyümölcslé

leite

tej

coca-cola

kóla

vinho

bor

cerveja

sör

álcool

alkohol

cacau

kakaó

chá

tea

café

kávé

expresso

eszpresszó

cappuccino

kapucsínó

banana

banán

maçã

alma

laranja

narancs

melão

sárgadinnye

limão

citrom

cenoura

sárgarépa

alho

fokhagyma

bambu

bambusz

cebola

hagyma

cogumelo

gomba

nozes

magvak

macarrão

nokedli

espaguete

spagetti

arroz

rizs

salada

saláta

batatas fritas

sült krumpli

batatas frias

sült burgonya

pizza

pizza

hambúrger

hamburger

sanduíche

szendvics

escalope

hússzelet

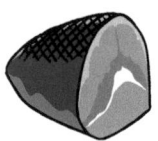

presunto

sonka

salame

szalámi

salsicha

kolbász

galinha

csirke

assado

pecsenye

peixe

hal

flocos de aveia

zabkása

granola

müzli

flocos de milho

kukoricapehely

farinha

liszt

croissant

croissant

pãozinho

zsemle

pão

kenyér

torrada

pirítós kenyér

biscoitos

keksz

manteiga

vaj

requeijão

túró

bolo

sütemény

ovo

tojás

ovo frito

tükörtojás

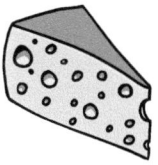

queijo

sajt

sorvete

jégkrém

açúcar

cukor

mel

méz

geleia

lekvár

creme de avelãs

mogyorókrém

curry

curry

fazenda
gazdálkodás

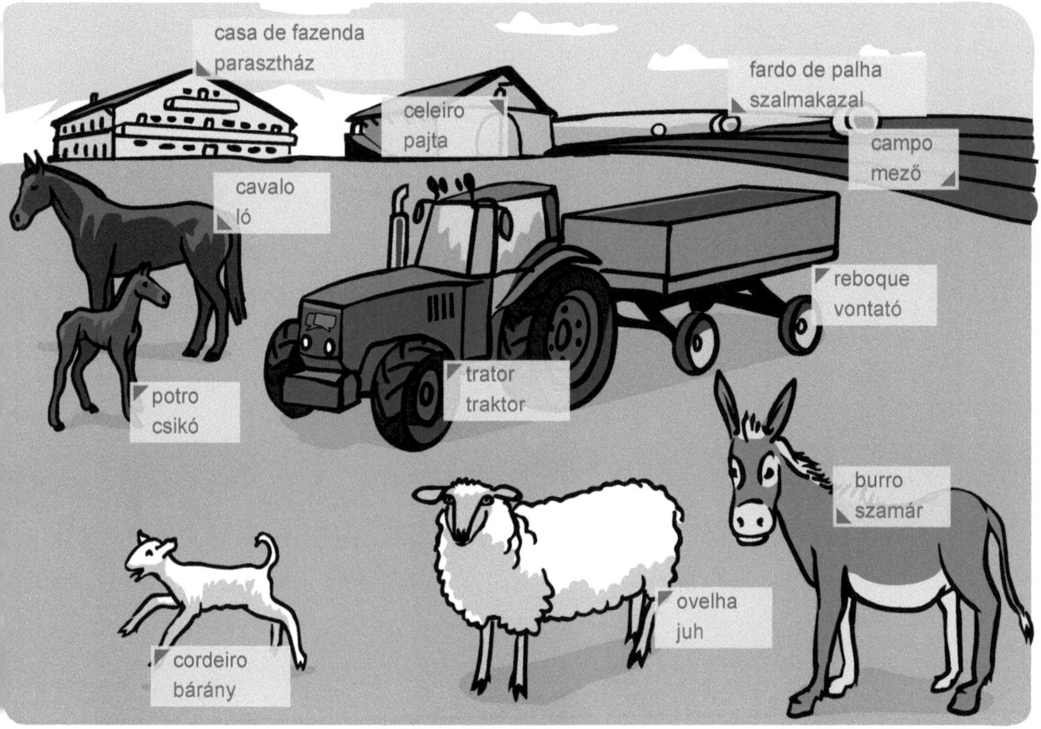
casa de fazenda
parasztház
celeiro
pajta
fardo de palha
szalmakazal
campo
mező
cavalo
ló
reboque
vontató
trator
traktor
potro
csikó
burro
szamár
ovelha
juh
cordeiro
bárány

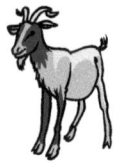

cabra

kecske

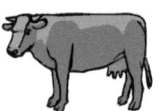

vaca

tehén

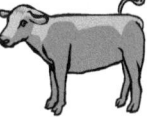

bezerro

borjú

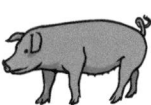

porco

malac

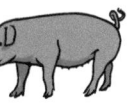

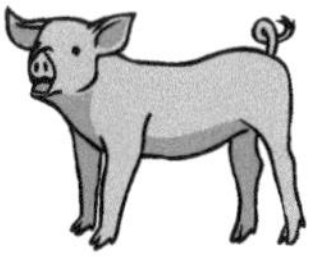

leitão

kismalac

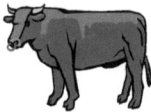

touro

bika

ganso
liba

pato
kacsa

pintinho
csibe

galinha
tojó

galo
kakas

ratazana
patkány

gato
macska

camundongo
egér

boi
ökör

cachorro
kutya

casinha do cachorro
kutyaház

mangueira de jardim
kerti öntözőcső

regador
öntözőkanna

foice
kasza

arado
eke

foice
sarló

enxada
kapa

forquilha
vasvilla

machado
fejsze

carrinho de mão
talicska

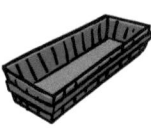

manjedoura
teknő

jarra de leite
tejes kancsó

saco
zsák

cerca
kerítés

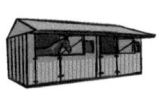

estábulo
istálló

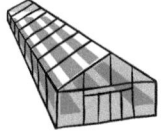

estufa
üvegház

solo
talaj

semente
vetőmag

fertilizante
trágya

colheitadeira
cséplőgép

colher

szüretelni

colheita

betakarítás

inhame

yamgyökér

trigo

búza

soja

szója

batata

burgonya

milho

kukorica

colza

repcemag

árvore frutífera

gyümölcsfa

mandioca

manióka

cereais

gabona

casa
ház

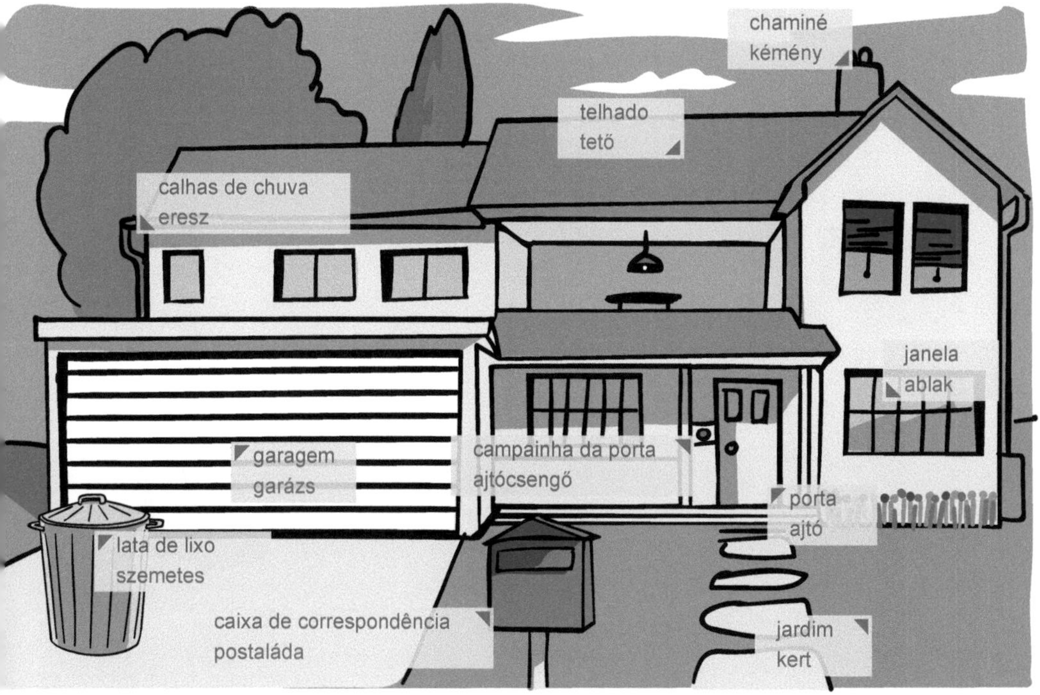
chaminé
kémény
telhado
tető
calhas de chuva
eresz
janela
ablak
garagem
garázs
campainha da porta
ajtócsengő
porta
ajtó
lata de lixo
szemetes
caixa de correspondência
postaláda
jardim
kert

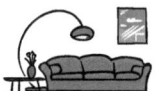

sala de estar

nappali

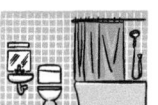

banheiro

fürdőszoba

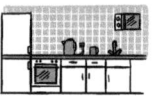

cozinha

konyha

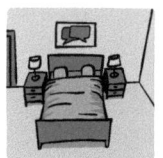

quarto de dormir

hálószoba

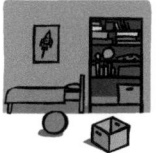

quarto de criança

gyerekszoba

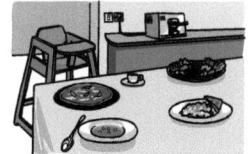

sala de jantar

ebédlő

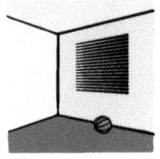

chão

padló

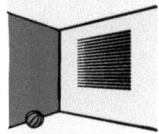

parede

fal

teto

plafon

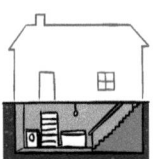

porão

pince

sauna

szauna

varanda

erkély

terraço

terasz

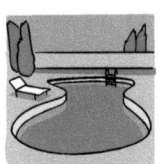

piscina

medence

cortador de grama

fűnyíró

lençol

lepedő

coberta

ágytakaró

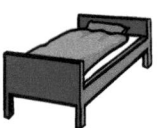

cama

ágy

vassoura

seprű

balde

vödör

interruptor

kapcsoló

sala de estar
nappali

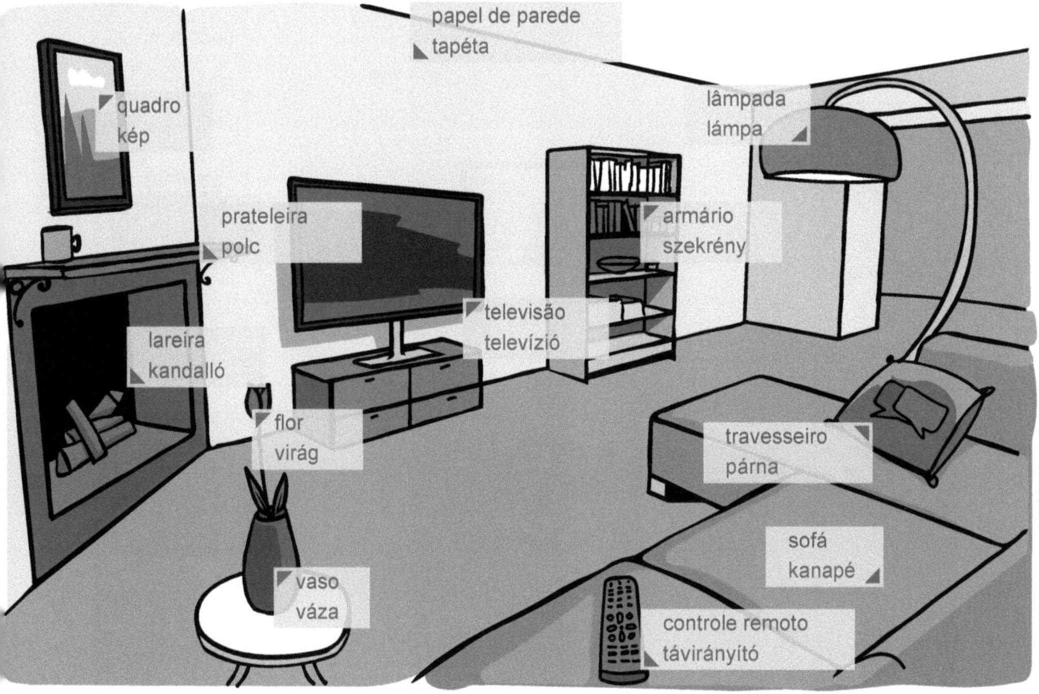
papel de parede
tapéta
quadro
kép
lâmpada
lámpa
prateleira
polc
armário
szekrény
televisão
televízió
lareira
kandalló
flor
virág
travesseiro
párna
sofá
kanapé
vaso
váza
controle remoto
távirányító

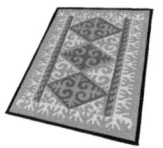

tapete

szőnyeg

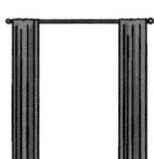

cortina

függöny

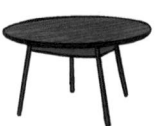

mesa

asztal

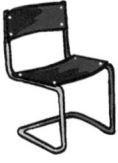

cadeira

szék

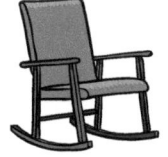

cadeira de balanço

hintaszék

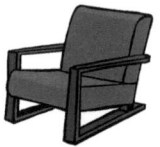

poltrona

karosszék

livro
könyv

cobertor
takaró

decoração
dekoráció

lenha
tűzifa

filme
film

equipamento de som
hifi

chave
kulcs

jornal
újság

pintura
festmény

pôster
poszter

rádio
rádió

bloco de notas
jegyzetfüzet

aspirador
porszívó

cacto
kaktusz

vela
gyertya

cozinha
konyha

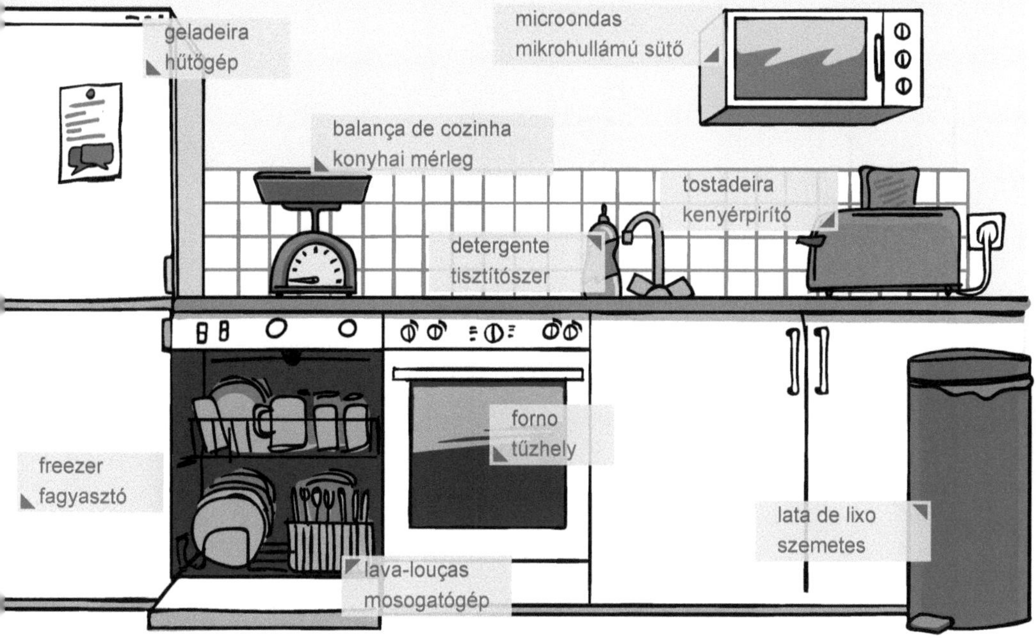
geladeira
hűtőgép
microondas
mikrohullámú sütő
balança de cozinha
konyhai mérleg
tostadeira
kenyérpirító
detergente
tisztítószer
forno
tűzhely
freezer
fagyasztó
lata de lixo
szemetes
lava-louças
mosogatógép

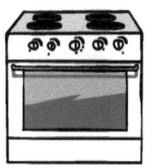

fogão

tűzhely

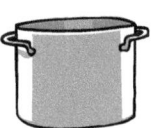

panela

edény

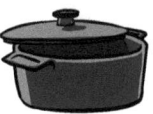

panela de ferro

vasfazék

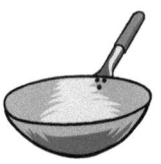

wok / kadai

wok / kadai

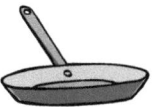

frigideira

serpenyő

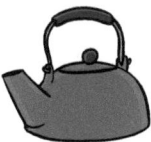

chaleira

vízforraló

panela a vapor

pároló

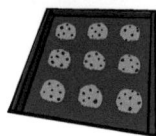

tabuleiro de forno

tepsi

louça

étkészlet

caneca

bögre

caçarola

tálka

hashi

evőpálcika

concha de sopa

merőkanál

espátula

keverőlapátka

batedor

habverő

escorredor

szűrő

peneira

szita

ralador

reszelő

almofariz

mozsár

churrasqueira

grillsütő

lareira

kandalló

tábua de cortar

vágódeszka

rolo da massa

sodrófa

saca-rolhas

dugóhúzó

lata

doboz

abridor de latas

konzervnyitó

pegador de panela

edényfogó

pia

mosogató

escova

kefe

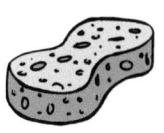

esponja

szivacs

liquidificador

turmixgép

congelador

mélyhűtő

mamadeira

cumisüveg

torneira

csap

banheiro
fürdőszoba

aquecimento
fűtés
toalha
törölköző
ducha
zuhany
cortina de chuveiro
zuhanyfüggöny
banho de espuma
habfürdő
banheira
kád
copo
pohár
lava-roupa
mosógép
torneira
csap
azulejos
csempe
penico
bili
pia
mosogató

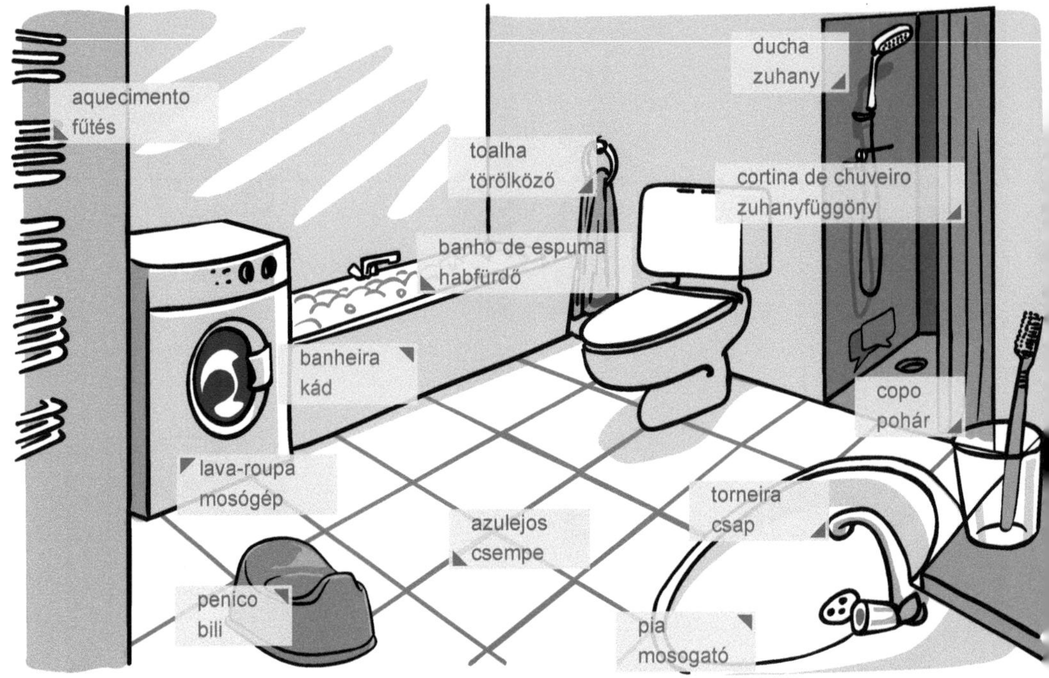

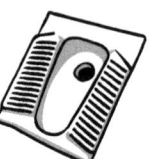

vaso sanitário

toalett

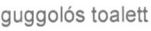

lavabo de agachar

guggolós toalett

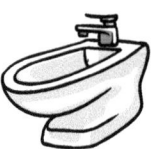

bidê

bidé

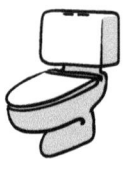

mictório

piszoár

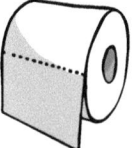

papel higiênico

toalett papír

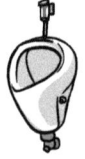

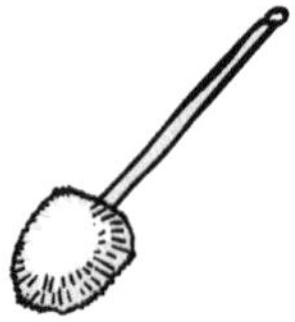

escova de privada

wc kefe

escova de dentes

fogkefe

pasta de dentes

fogkrém

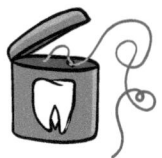

fio dental

fogselyem

lavar

mosni

ducha de mão

kézi zuhany

ducha íntima

intimzuhany

bacia

mosdótál

escova para as costas

hátmosó kefe

sabonete

szappan

gel de banho

tusfürdő

xampu

sampon

toalha de rosto

mosdókesztyű

escoamento

lefolyó

creme

krém

desodorante

dezodor

espelho
....
tükör

espelho de mão
....
kézitükör

barbeador
....
borotva

espuma de barbear
....
borotvahab

loção pós-barba
....
borotválkozás utáni
arcszesz

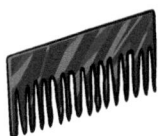

pente
....
fésű

escova
....
hajkefe

secador de cabelo
....
hajszárító

spray de cabelo
....
hajlakk

maquiagem
....
smink

batom
....
ajakrúzs

esmalte de unhas
....
körömlakk

algodão
....
vatta

tesoura para unhas
....
körömvágó olló

perfume
....
parfüm

nécessaire
....
neszesszer

banquinho
....
sámli

balança
....
mérleg

roupão de banho
....
köntös

luvas de borracha
....
gumikesztyű

absorvente interno
....
tampon

absorvente íntimo
....
egészségügyi betét

banheiro químico
....
vegyi WC

quarto de criança
gyerekszoba

despertador
ébresztő óra
boneco de pelúcia
plüssállat
carrinho de brinquedo
játékautó
chacoalho
csörgő
casa de bonecas
babaház
presente
ajándék

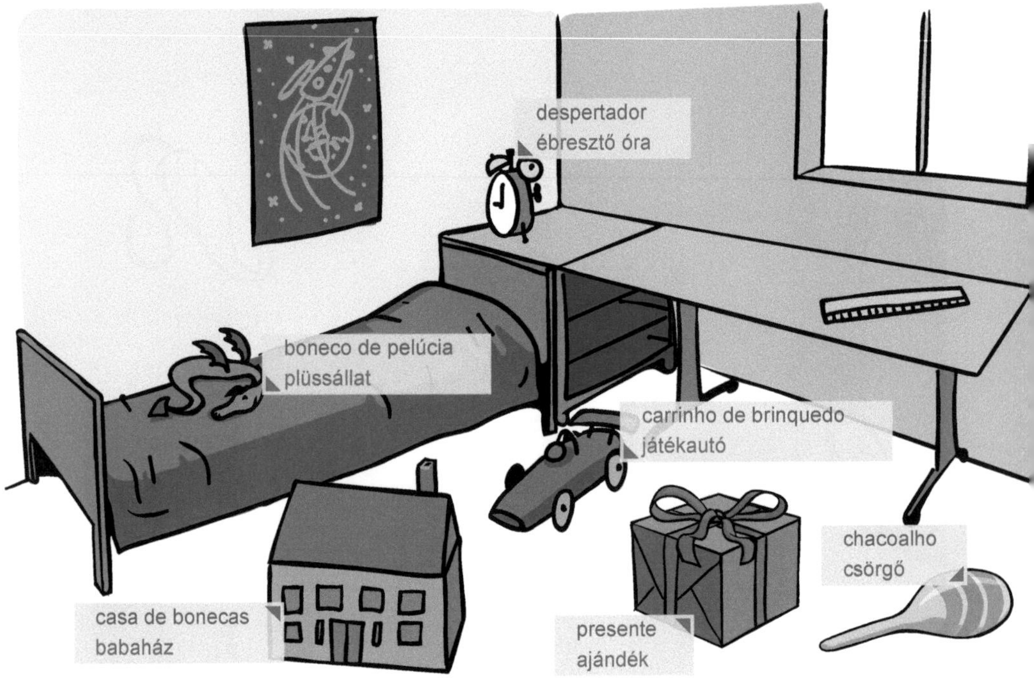

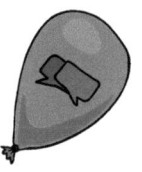

balão

lufi

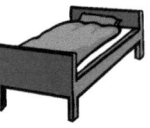

cama

ágy

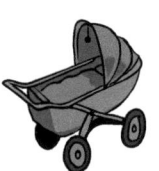

carrinho de bebê

babakocsi

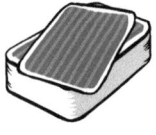

jogo de cartas

kártyapakli

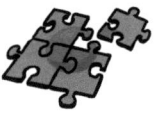

quebra-cabeças

kirakós játék

SUPER MEGA

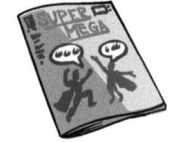

revista de quadrinhos

képregény

peças de Lego

építőkockák

blocos de construção

építőelem

figura de ação

szuperhős

macaquinho de bebê

rugdalózó

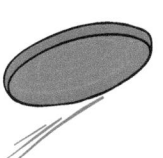

frisbee

frizbi

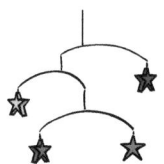

móbile para bebé

zenélő forgó

jogo de tabuleiro

társasjáték

dados

kocka

trenzinho elétrico

modellvasút

chupeta

cumi

festa

zsúr

livro ilustrado

képeskönyv

bola

labda

boneca

baba

brincar

játszani

caixa de areia

homokozó

balanço

hinta

brinquedos

játékok

videogame

videójáték konzol

triciclo

tricikli

ursinho de pelúcia

teddi maci

guarda-roupa

ruhásszekrény

vestuário

ruházat

meias

zokni

meias pelo joelho

harisnya

meias-calças

harisnyanadrág

cachecol
sál

guarda-chuva
esernyő

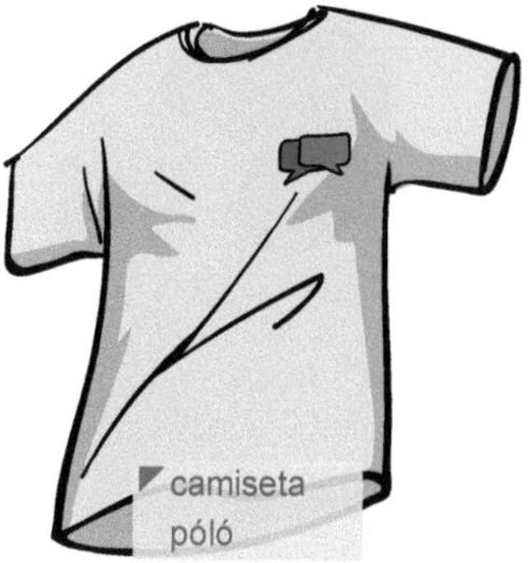

camiseta
póló

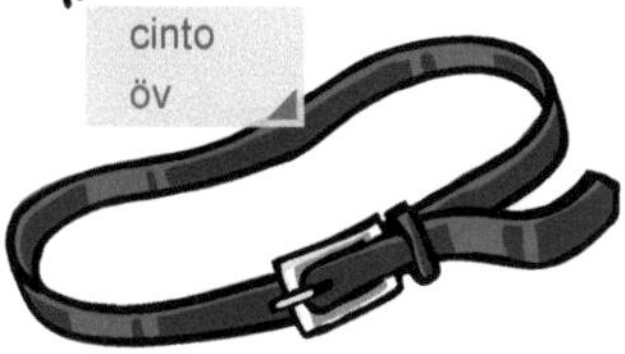

cinto
öv

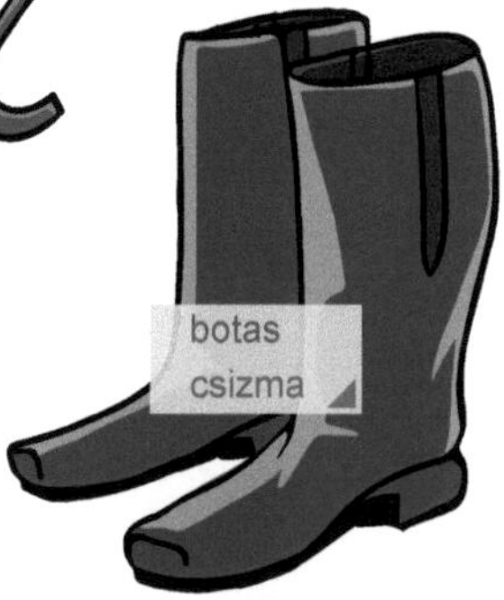

botas
csizma

chinelos
papucs

tênis
tornacipő

sandálias
szandál

sapatos
cipő

botas de borracha
gumicsizma

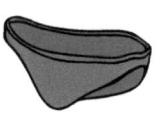

roupa de baixo
alsónadrág

sutiã
melltartó

camiseta de baixo
mellény

vestuário - ruházat

body
body

calças
nadrág

jeans
farmer

saia
szoknya

blusa
blúz

camisa
ing

pulôver
pulóver

suéter com capuz
kapucnis pulóver

blazer
blézer

jaqueta
dzseki

casaco
kabát

gabardine
esőkabát

traje
kosztüm

vestido
ruha

vestido de casamento
esküvői ruha

terno
öltöny

camisola
hálóing

pijama
pizsama

sari
szári

lenço de cabeça
fejkendő

turbante
turbán

burca
burka

cafetã
kaftán

abaya
abaya

maiô
fürdőruha

sunga
fürdőnadrág

shorts
rövidnadrág

roupa de treino
tréningruha

avental
kötény

luvas
kesztyű

botão

gomb

óculos

szemüveg

pulseira

karkötő

colar

nyaklánc

anel

gyűrű

brinco

fülbevaló

boné

sapka

cabide

vállfa

chapéu

kalap

gravata

nyakkendő

zíper

cipzár

capacete

bukósisak

suspensórios

nadrágtartó

uniforme escolar

iskolai egyenruha

uniforme

egyenruha

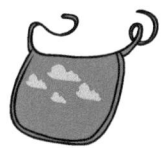

babador
elõke

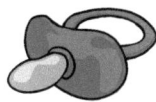

chupeta
cumi

fralda
pelenka

escritório
iroda

servidor
szerver
armário de arquivos
irattartó szekrény
impressora
nyomtató
papel
papír
monitor
képernyő
mouse
egér
escrivaninha
íróasztal
pasta
mappa
teclado
billentyűzet
cesto de lixo
papír-hulladék gyűjtő
computador
számítógép
cadeira
szék

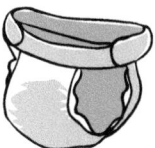

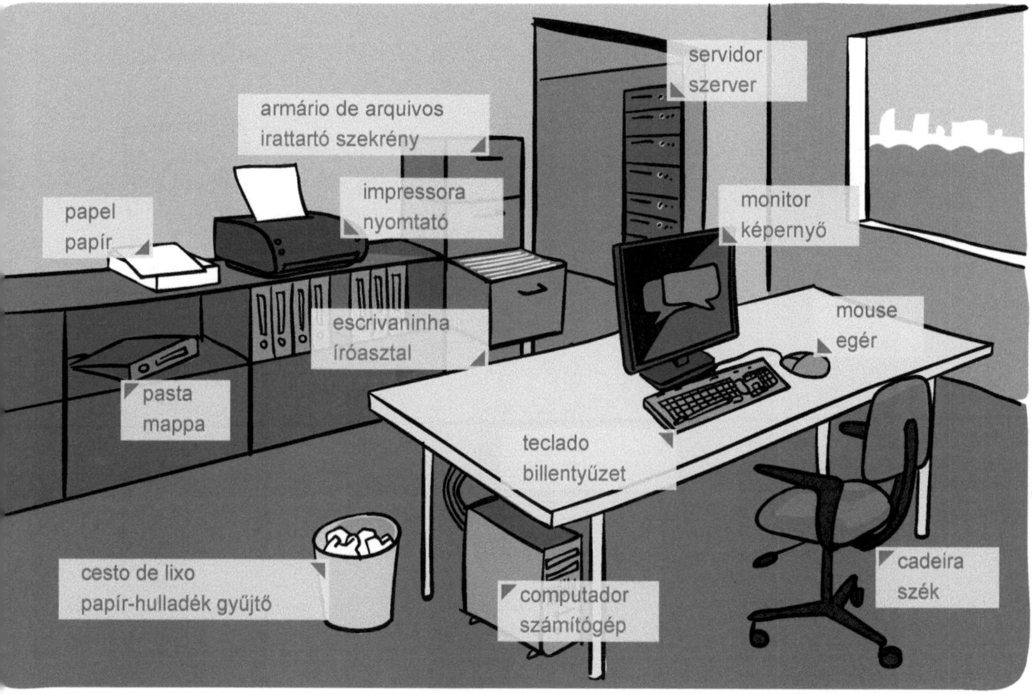

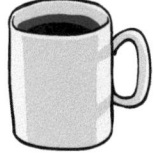

xícara de café
kávéscsésze

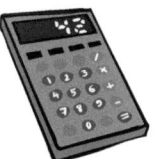

calculadora
számológép

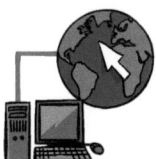

internet
internet

laptop

laptop

carta

levél

mensagem

üzenet

celular

mobiltelefon

rede

hálózat

copiadora

fénymásoló

software

szoftver

telefone

telefon

tomada

konnektor

fax

faxgép

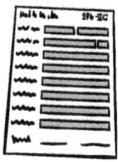

formulário

formanyomtatvány

documento

dokumentum

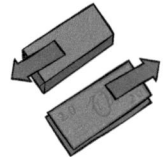

comprar

venni

pagar

fizetni

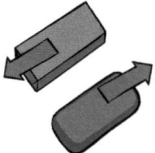

negociar

kereskedni

dinheiro

pénz

Dólar

dollár

Euro

euró

Yen

jen

rublo

rubel

franco suíço

svájci frank

renminbi yuan

kínai jüan

rupia

rúpia

caixa eletrônico

bankautomata

casa de câmbio

valutaváltó iroda

ouro

arany

prata

ezüst

petróleo

olaj

energia

energia

preço

ár

contrato

szerződés

imposto

adó

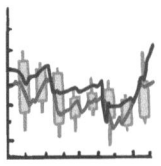

ação

részvény

trabalhar

dolgozni

empregado

munkavállaló

empregador

munkaadó

fábrica

gyár

loja

üzlet

profissões
foglalkozások

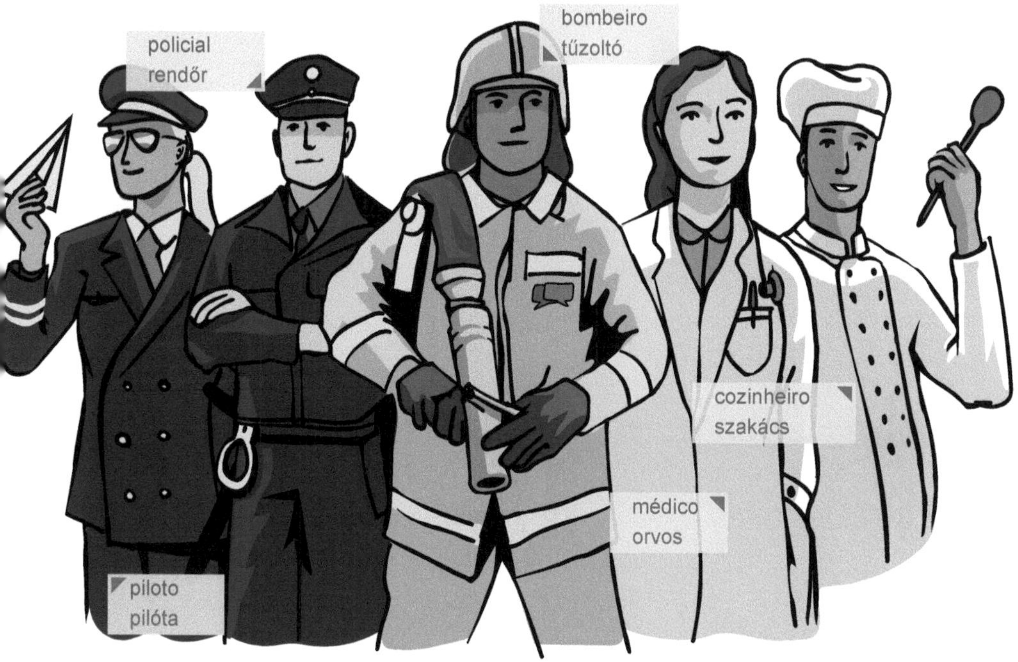

policial
rendőr
bombeiro
tűzoltó
cozinheiro
szakács
médico
orvos
piloto
pilóta

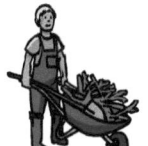

jardineiro

kertész

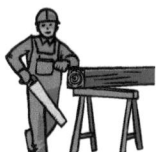

marceneiro

kárpitos

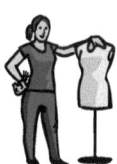

costureira

varrónő

juiz

bíró

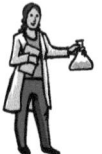

químico

vegyész

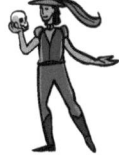

ator

színész

motorista de ônibus

buszsofőr

motorista de táxi

taxisofőr

pescador

halász

faxineira

bejárónő

telhador

tetőfedő

garçom

pincér

caçador

vadász

pintor

festő

padeiro

pék

eletricista

villanyszerelő

construtor

építőmunkás

engenheiro

mérnök

açougueiro

hentes

encanador

vízvezeték-szerelő

carteiro

postás

soldado

katona

arquiteto

építész

caixa

eladó

florista

virágos

cabelereiro

fodrász

condutor

kalauz

mecânico

műszerész

capitão

kapitány

dentista

fogorvos

cientista

tudós

rabino

rabbi

imam

imám

monge

szerzetes

pastor

lelkész

ferramentas
szerszámok

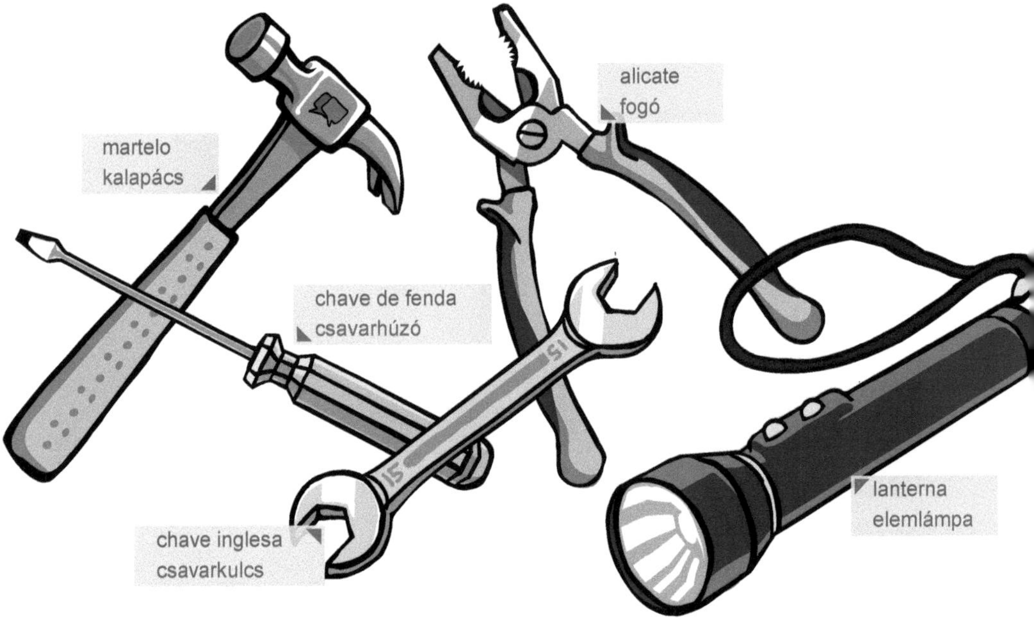

alicate
fogó
martelo
kalapács
chave de fenda
csavarhúzó
lanterna
elemlámpa
chave inglesa
csavarkulcs

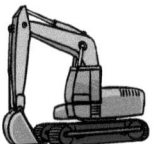

escavadora

markológép

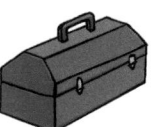

caixa de ferramentas

szerszámosláda

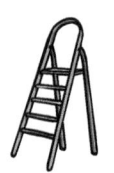

escada de mão

vödör

serra

fűrész

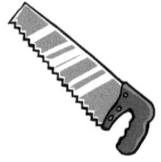

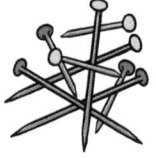

pregos

szög

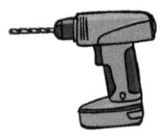

furadeira

fúrógép

consertar
....
megjavítani

pá
....
lapát

Droga!
....
A francba!

pá de lixo
....
szemétlapát

pote de tinta
....
festékesdoboz

parafusos
....
csavar

instrumentos musicais
hangszerek

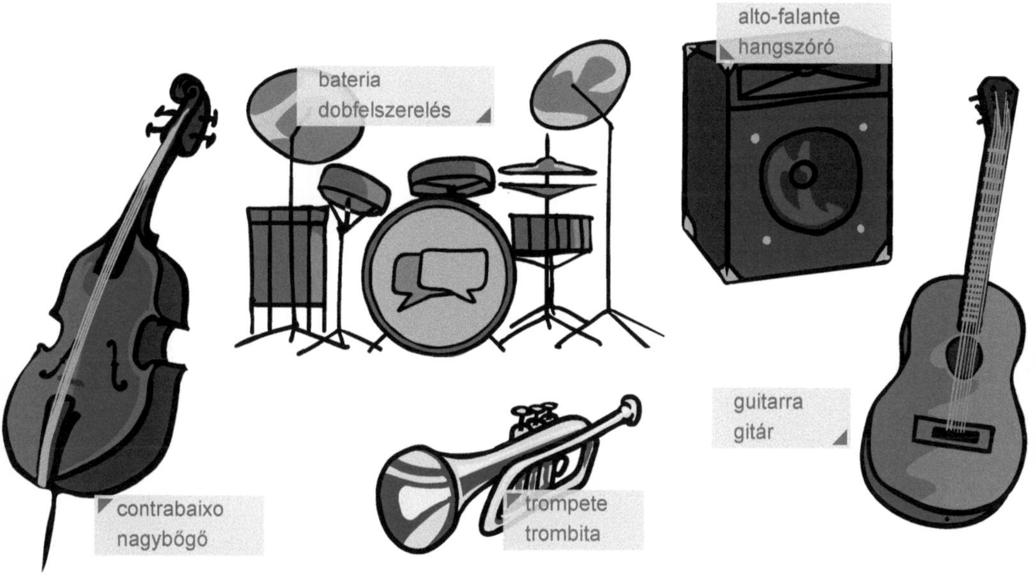

bateria
dobfelszerelés

alto-falante
hangszóró

guitarra
gitár

contrabaixo
nagybőgő

trompete
trombita

piano

zongora

violino

hegedű

baixo

basszusgitár

timbales

üstdob

tambor

dobok

teclado

digitális zongora

saxofone

szaxofon

flauta

fuvola

microfone

mikrofon

instrumentos musicais - hangszerek

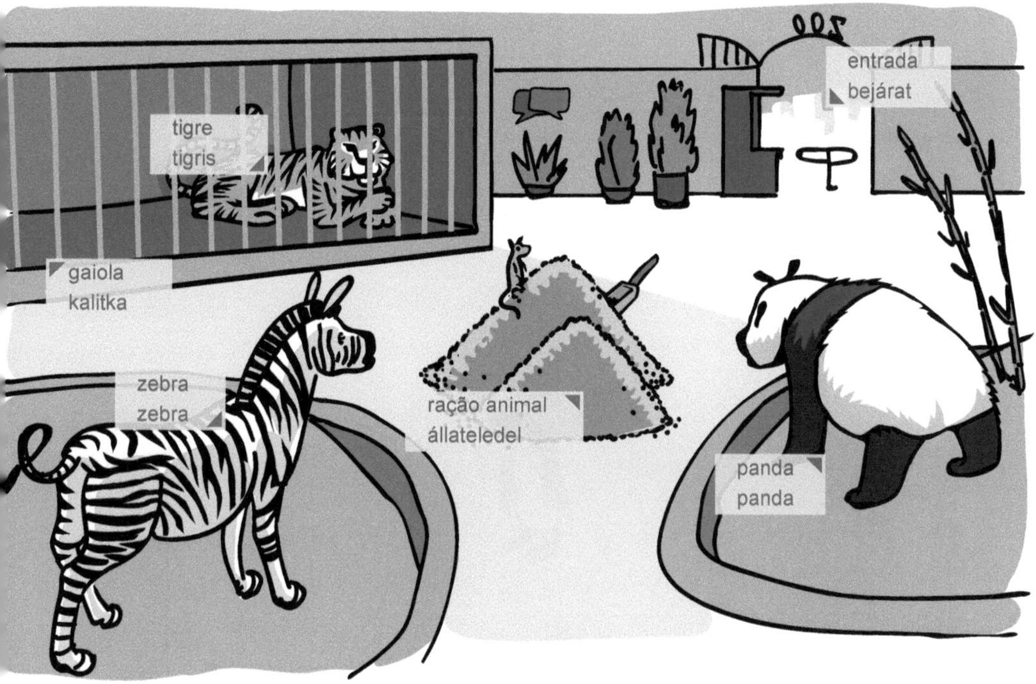

tigre
tigris

entrada
bejárat

gaiola
kalitka

zebra
zebra

ração animal
állateledel

panda
panda

animais
állatok

elefante
elefánt

canguru
kenguru

rinoceronte
orrszarvú

gorila
gorilla

urso
medve

camelo

teve

avestruz

strucc

leão

oroszlán

macaco

majom

flamingo

flamingó

papagaio

papagáj

urso polar

jegesmedve

pinguim

pingvin

tubarão

cápa

pavão

páva

cobra

kígyó

crocodilo

krokodil

guarda do zoológico

állatgondozó

foca

fóka

jaguar

jaguár

pônei
póniló

leopardo
leopárd

hipopótamo
víziló

girafa
zsiráf

águia
sas

javali
vaddisznó

peixe
hal

tartaruga
teknős

morsa
rozmár

raposa
róka

gazela
gazella

futebol americano
amerikai futball

ciclismo
kerékpározás

tênis
tenisz

basquete
kosárlabda

natação
úszás

boxe
boksz

hóquei no gelo
jégkorong

futebol	badminton	atletismo
futball	tollas	atlétika
handebol	esqui	polo
kézilabda	síelés	lovaspóló

atividades
tevékenységek

rir
nevetni
pular
ugrani
abraçar
ölelni
andar
sétálni
cantar
énekelni
sonhar
álmodni
rezar
dicsérni
beijar
csókolni

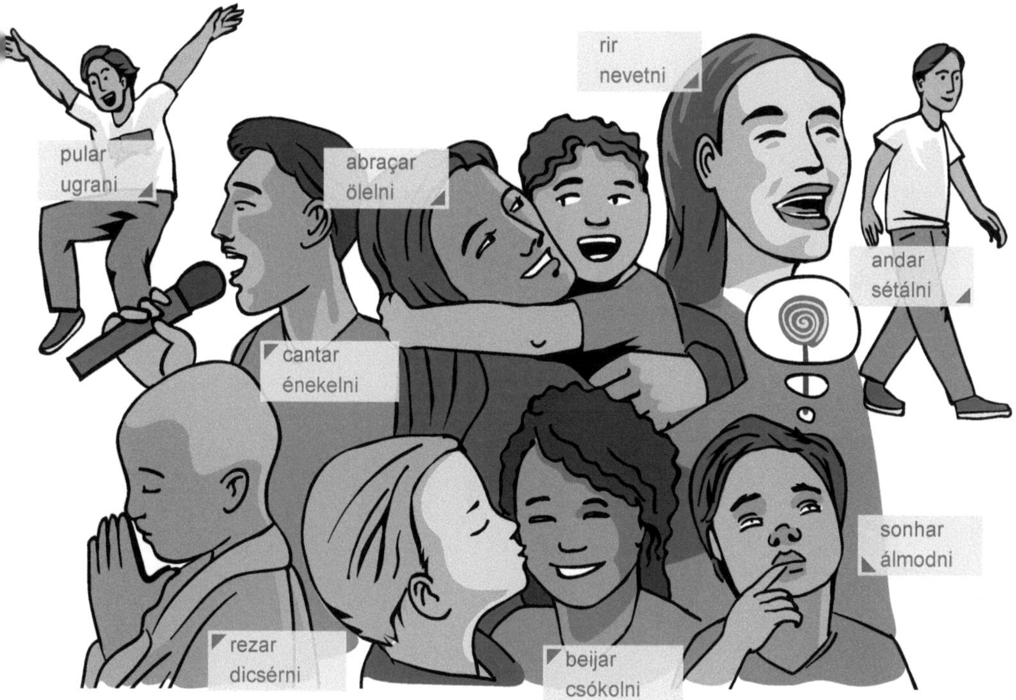

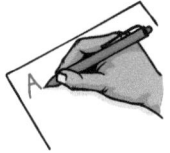

escrever

írni

desenhar

rajzolni

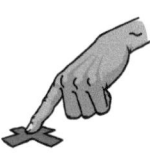

mostrar

mutatni

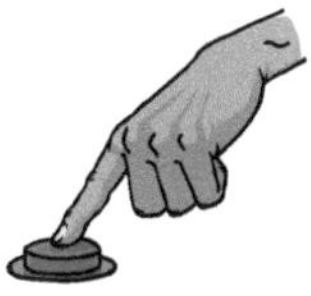

empurrar

tolni

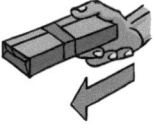

dar

adni

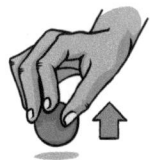

tomar

vinni

ter
birtokolni

fazer
csinálni

ser
lenni

ficar de pé
állni

correr
futni

puxar
húzni

jogar
hajít

cair
esni

deitar
hazudni

esperar
várni

carregar
vinni

sentar
ülni

vestir
felvenni

dormir
aludni

despertar
felébredni

atividades - tevékenységek

olhar para

ránézni

chorar

sírni

acariciar

simogat

pentear

fésülni

falar

beszélni

entender

megérteni

perguntar

kérdezni

ouvir

hallgatni

beber

inni

comer

enni

arrumar

takarítani

amar

szeretni

cozinhar

főzni

dirigir

vezetni

voar

szállni

velejar

vitorlázni

calcular

számol

ler

olvasni

aprender

tanulni

trabalhar

dolgozni

casar

házasodni

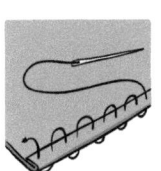

costurar

varrni

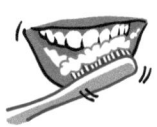

escovar os dentes

fogat mosni

matar

ölni

fumar

dohányozni

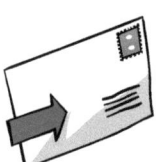

enviar

küldeni

família
család

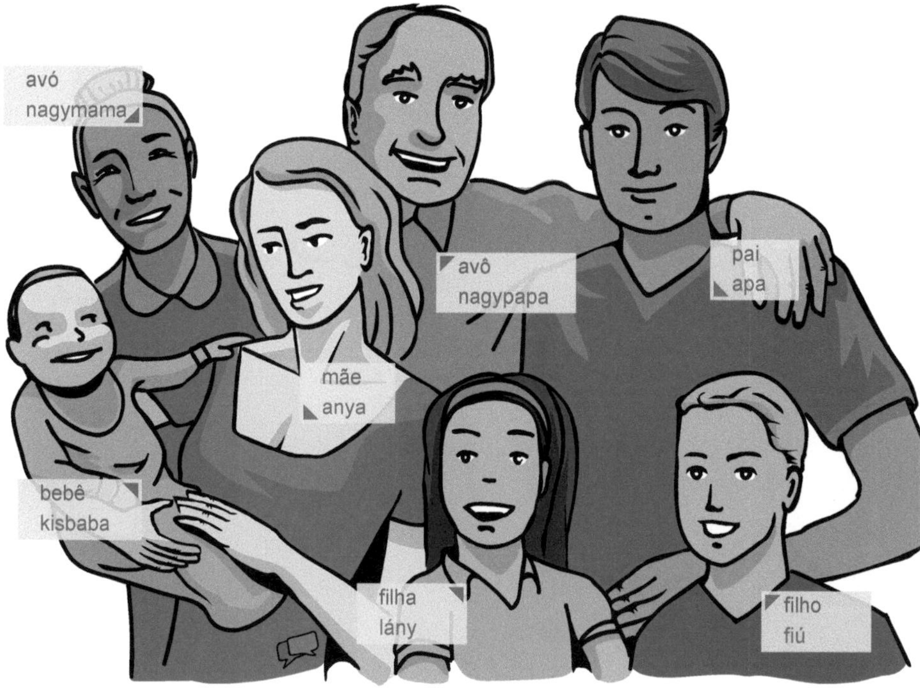
avó
nagymama
avô
nagypapa
pai
apa
mãe
anya
bebê
kisbaba
filha
lány
filho
fiú

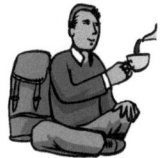

convidado

vendég

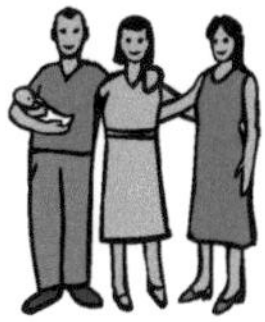

tia

nagynéni

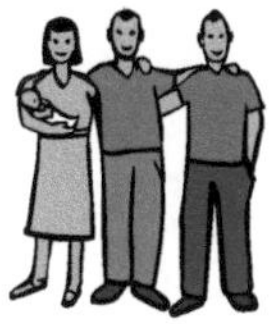

tio

nagybácsi

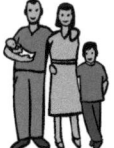

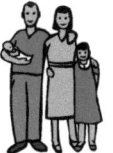

irmão

fiútestvér

irmã

lánytestvér

corpo
test

testa
homlok
olho
szem
ombro
váll
dedo
ujj
rosto
arc
queixo
áll
mão
kéz
perna
láb
peito
mell
braço
kar

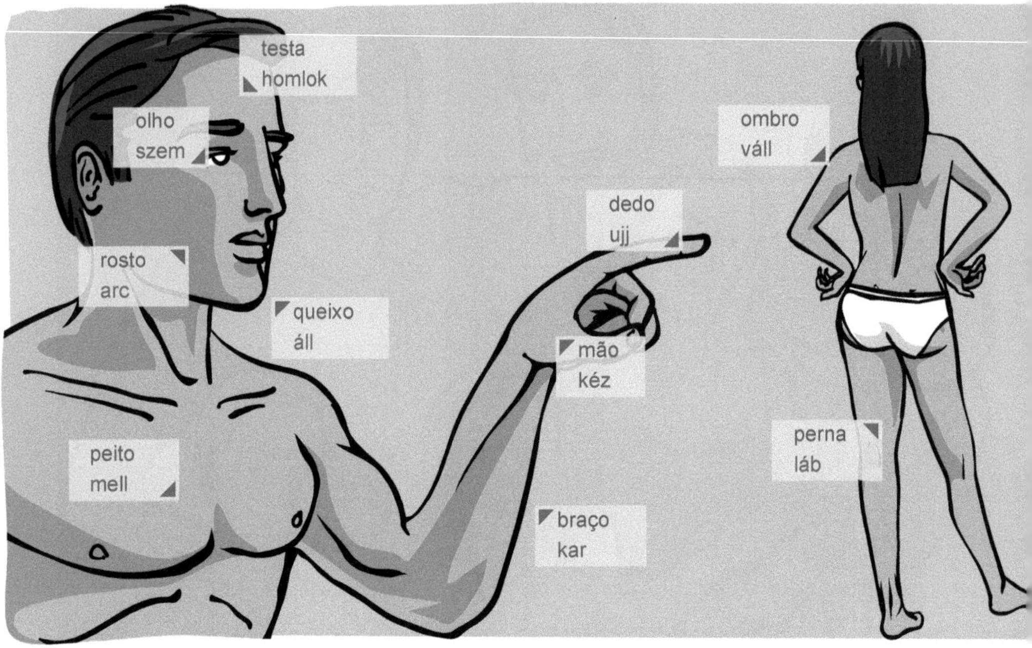

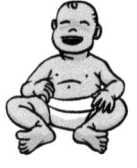

bebê
kisbaba

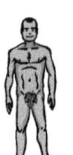

homem
ember

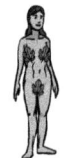

mulher
nő

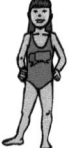

menina
lány

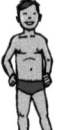

menino
fiú

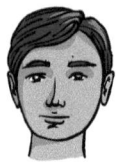

cabeça
fej

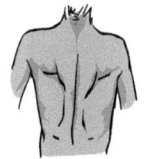

costas

hát

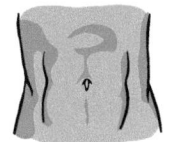

barriga

has

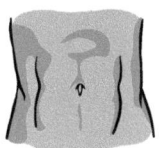

umbigo

köldök

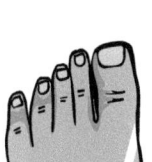

dedo do pé

lábujj

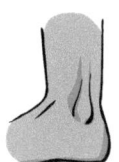

calcanhar

sarok

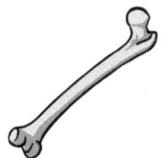

osso

csont

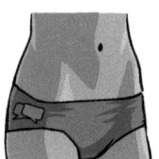

anca

csípő

joelho

térd

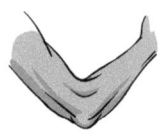

cotovelo

könyök

nariz

orr

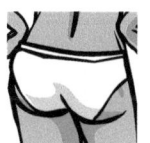

nádegas

fenék

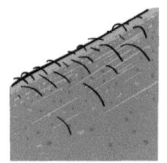

pele

bőr

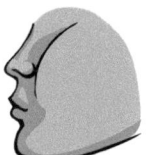

bochecha

orca

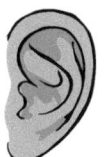

orelha

fül

lábio

ajak

boca
....
száj

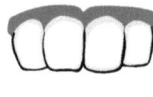

dente
....
fog

língua
....
nyelv

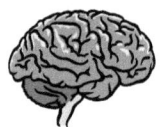

cérebro
....
agy

coração
....
szív

músculo
....
izom

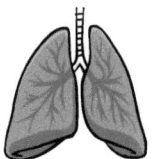

pulmão
....
tüdő

fígado
....
máj

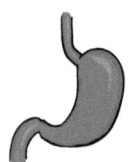

estômago
....
gyomor

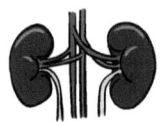

rins
....
vese

relações sexuais
....
szex

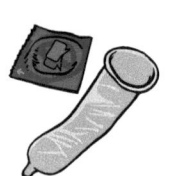

preservativo
....
kondom

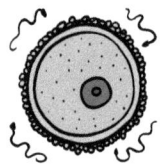

óvulo
....
petesejt

esperma
....
sperma

gravidez
....
terhesség

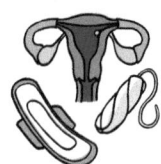

menstruação

menstruáció

vagina

vagina

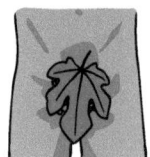

pênis

pénisz

sobrancelha

szemöldök

cabelo

haj

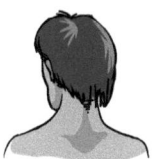

pescoço

nyak

hospital
kórház

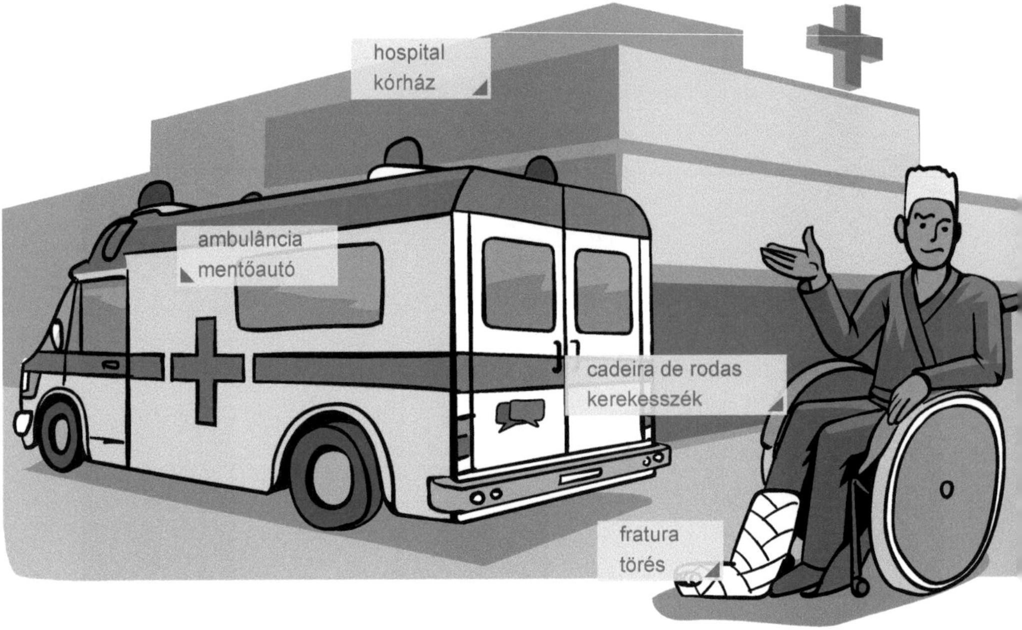

hospital
kórház
ambulância
mentőautó
cadeira de rodas
kerekesszék
fratura
törés

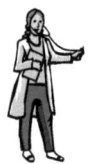

médico

orvos

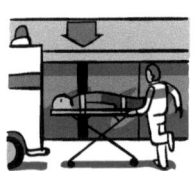

pronto-socorro

sürgősségi osztály

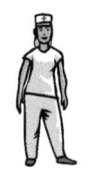

enfermeira

ápoló

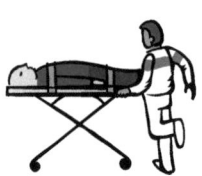

emergência

vészhelyzet

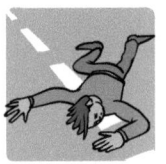

inconsciente

eszméletlen

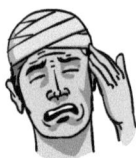

dor

fájdalom

ferimento

sérülés

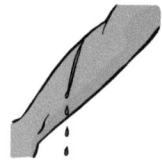

hemorragia

vérzés

ataque cardíaco

szívroham

acidente vacular cerebral

szélütés

alergia

allergia

tosse

köhögés

febre

láz

gripe

influenza

diarreia

hasmenés

dor de cabeça

fejfájás

câncer

rák

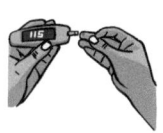

diabetes

cukorbetegség

cirurgião

sebész

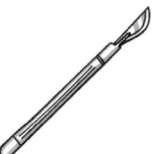

bisturi

szike

operação

műtét

CT
CT

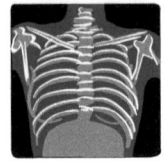

raio x
röntgen

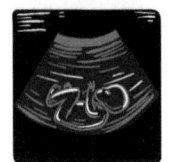

ultrassom
ultrahang

máscara
arcmaszk

doença
betegség

sala de espera
váróterem

muleta
mankó

bandeide
sebtapasz

ligadura
kötszer

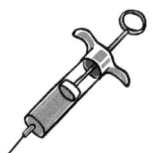

injeção
injekció

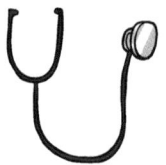

estetoscópio
sztetoszkóp

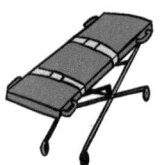

maca
hordágy

termômetro
klinikai hőmérő

nascimento
születés

excesso de peso
túlsúly

aparelho auditivo

hallókészülék

desinfetante

fertőtlenítőszer

infecção

fertőzés

vírus

vírus

HIV / AIDS

HIV/AIDS

medicamento

orvosság

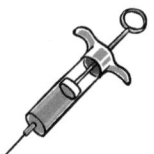

vacinação

oltás

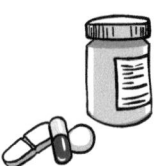

comprimidos

tabletták

pílula

tabletta

chamada de emergência

sürgősségi hívás

dispositivo de medição de
pressão arterial

vérnyomásmérő

doente / saudável

betegség / egészség

Socorro!

Segítség!

alarme

riasztás

assalto

rajtaütés

ataque

támadás

perigo

veszély

saída de emergência

vészkijárat

Fogo!

tűz!

extintor de incêndios

tűzoltókészülék

acidente

baleset

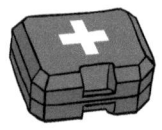

maleta de primeiros socorros

elsősegélycsomag

SOS

SOS

polícia

rendőrség

Europa

Európa

América do Norte

Észak-Amerika

América do Sul

Dél-Amerika

África

Afrika

Ásia

Ázsia

Austrália

Ausztrália

Atlântico

Atlanti-óceán

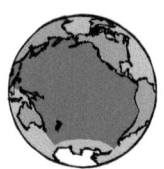

Pacífico

Csendes-óceán

Oceano Índico

Indiai-óceán

Oceano Antártico

Déli-óceán

Oceano Ártico

Jeges-tenger

Polo Norte

Északi-sark

Polo Sul

Déli-sark

Antártica

Antarktisz

Terra

föld

terra

szárazföld

mar

tenger

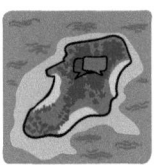

ilha

sziget

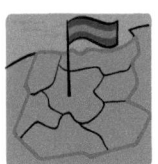

nação

nemzet

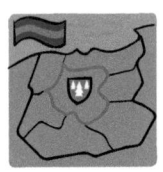

estado

állam

mostrador do relógio

számlap

ponteiro das horas

kismutató

ponteiro dos minutos

nagymutató

ponteiro dos segundos

másodpercmutató

Que horas são?

Mennyi az idő?

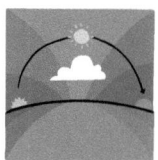

dia

nap

tempo

idő

agora

most

relógio digital

digitális óra

minuto

perc

hora

óra

semana
hét

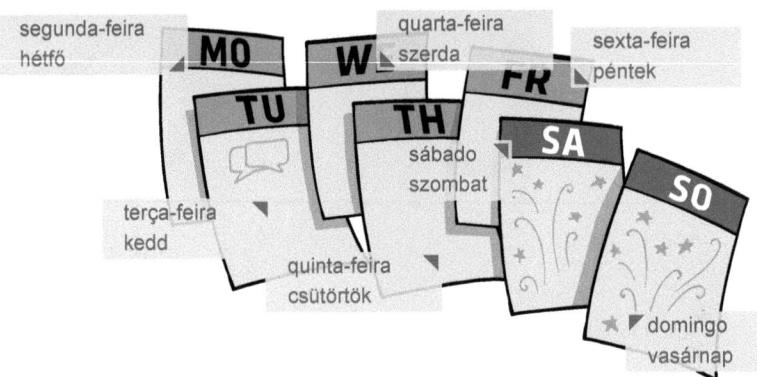

segunda-feira
hétfő

MO

W quarta-feira
szerda

sexta-feira
péntek

TU

TH

SA

FR

SO

sábado
szombat

terça-feira
kedd

quinta-feira
csütörtök

domingo
vasárnap

ontem

tegnap

hoje

ma

amanhã

holnap

manhã

reggel

meio-dia

dél

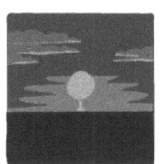

entardecer

este

dias úteis

hétköznap

fim de semana

hétvége

arco-íris
szivárvány

chuva
eső

neve
hó

vento
szél

primavera
tavasz

outono
ősz

verão
nyár

inverno
tél

4.APRIL	11°	☀
5.APRIL	4°	🌧
6.APRIL	13°	🌧
7.APRIL	8°	☀
8.APRIL	10°	☀

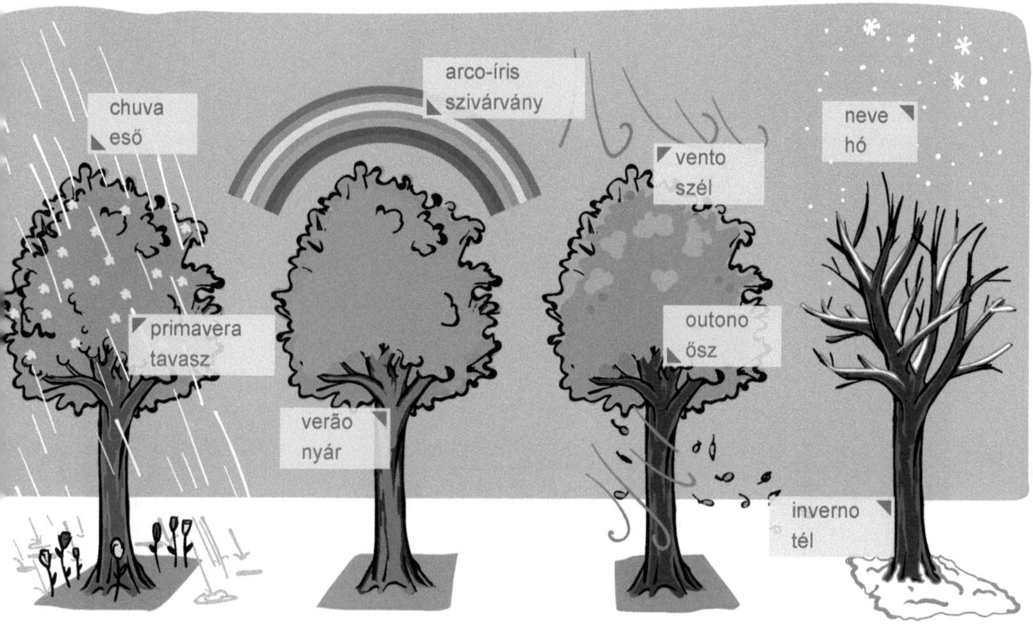

previsão do tempo
....
idŏjárás elŏrejelzés

termômetro
....
hŏmérŏ

raio de sol
....
napsütés

nuvem
....
felhő

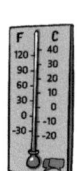

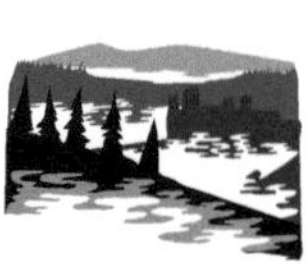

neblina / nevoeiro
....
köd

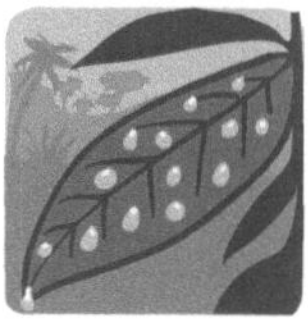

umidade do ar
....
páratartalom

relâmpago

villámlás

trovão

mennydörgés

tempestade

vihar

granizo

jégeső

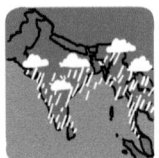

monção

monszun

inundação

áradás

gelo

jég

janeiro

január

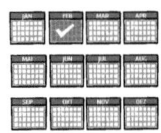

fevereiro

február

março

március

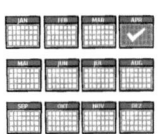

abril

április

maio

május

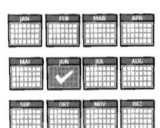

junho

június

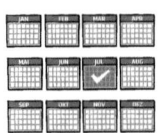

julho

július

agosto

augusztus

ano - év

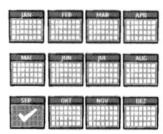

setembro
....
szeptember

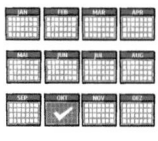

outubro
....
október

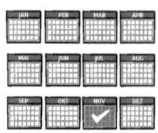

novembro
....
november

dezembro
....
december

formas
alakzatok

círculo
....
kör

quadrado
....
négyzet

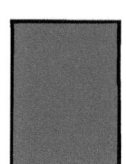

retângulo
....
téglalap

triângulo
....
háromszög

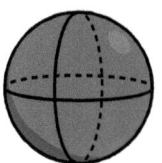

esfera
....
gömb

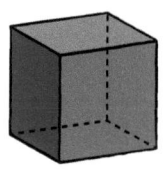

cubo
....
kocka

branco
....
fehér

amarelo
....
sárga

laranja
....
narancs

rosa
....
rózsaszín

vermelho
....
piros

lilás
....
lila

azul
....
kék

verde
....
zöld

marrom
....
barna

cinza
....
szürke

preto
....
fekete

muito / pouco

sok / kevés

furioso / tranquilo

mérges / nyugodt

lindo / feio

szép / csúnya

começo / fim

kezdet / vég

grande / pequeno

nagy / kicsi

claro / escuro

világos / sötét

irmão / irmã

fivér / nővér

limpo / sujo

tiszta / koszos

completo / incompleto

teljes / nem teljes

dia / noite

nappal / éjszaka

morto / vivo

halott / élő

largo / estreito

széles / keskeny

comestível / não comestível

ehető / nem ehető

mau / gentil

gonosz / kedves

entusiasmado / entediado

izgatott / unott

gordo / magro

kövér / vékony

primeiro / último

első / utolsó

amigo / inimigo

barát / ellenség

cheio / vazio

teli / üres

duro / macio

kemény / puha

pesado / leve

nehéz / könnyű

fome / sede

éhség / szomjúság

doente / saudável

betegség / egészség

ilegal / legal

illegális / legális

inteligente / idiota

intelligens / buta

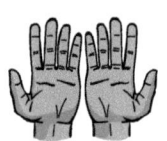

esquerda / direita

bal / jobb

perto / longe

közel / távol

novo / usado

új / használt

nada / alguma coisa

semmi / valami

velho / jovem

idős / fiatal

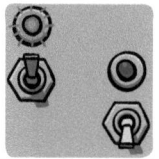

ligado / desligado

be / ki

aberto / fechado

nyitva / zárva

baixo / alto

csendes / hangos

rico / pobre

gazdag / szegény

certo / errado

helyes / helytelen

áspero / liso

érdes / sima

triste / feliz

szomorú / vidám

curto / longo

rövid / hosszú

lento / rápido

lassú / gyors

molhado / seco

nedves / száraz

ameno / fresco

meleg / hideg

guerra / paz

háború / béke

0

zero

nulla

1

um

egy

2

dois

kettő

3

três

három

4

quatro

négy

5

cinco

öt

6

seis

hat

7

sete

hét

8

oito

nyolc

9

nove

kilenc

10

dez

tíz

11

onze

tizenegy

12	**13**	**14**
doze	treze	quatorze
tizenkettő	tizenhárom	tizennégy

15	**16**	**17**
quinze	dezesseis	dezessete
tizenöt	tizenhat	tizenhét

18	**19**	**20**
dezoito	dezenove	vinte
tizennyolc	tizenkilenc	húsz

100	**1.000**	**1.000.000**
cem	mil	milhão
száz	ezer	millió

inglês
....
angol

inglês americano
....
amerikai angol

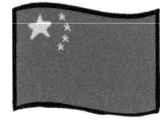

chinês mandarim
....
mandarin kínai

hindi
....
hindi

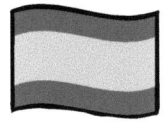

espanhol
....
spanyol

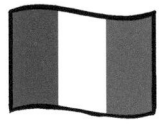

francês
....
francia

árabe
....
arab

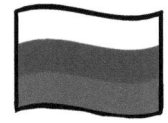

russo
....
orosz

português
....
portugál

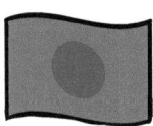

bengalês
....
bengáli

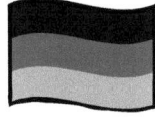

alemão
....
német

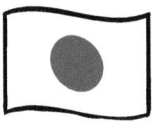

japonês
....
japán

eu
én

você
te

ele / ela
ö

nós
mi

vocês
ti

eles / elas
ök

quem?
ki?

O quê?
mi?

como?
hogyan?

onde?
hol?

Quando?
mikor?

nome
név

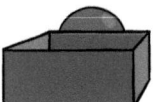

atrás

mögött

em

benne

na frente de

elötte

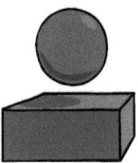

sobre

felette

em cima

rajta

debaixo

alatta

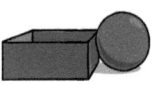

do lado

mellett

entre

között

lugar

hely

.